MW00957951

Helados Artesanales
30 Recetas

En este libro te revelo exactamente cómo preparo los exquisitos helados artesanales de la heladería Cattleya.

VIOLETA CARNERO

Copyright © 2021 Violeta Carnero

asesoria@cattleya.pe

Reservados todos los derechos. Ninguna parte de esta publicación,
incluido el diseño de la cubierta, puede ser reproducida, almacenada,
transmitida o utilizada en manera alguna por ningún medio, sin el previo
consentimiento por escrito del autor

En este libro revelaré 30 recetas: las que corresponden a los helados y sorbetes más vendidos en mi heladería Cattleya. Están perfectamente equilibradas en frutas, azúcares, grasas, estabilizantes, sólidos no grasos y agua.

Siguiendo al pie de la letra cada receta, el resultado que obtendrás será un delicioso helado artesanal de calidad prémium.

Dirigido a:

- Emprendedores que ya tengan un negocio y quieran incorporar a su carta helados artesanales.
- Emprendedores que desean incursionar en el rentable negocio del helado artesanal.
- Cualquier persona que desee preparar helados artesanales y brindarle a su familia algo hecho en casa y de calidad.

Asesoría personalizada

Si desea recibir asesoría personalizada o quiere aprender a formular sus propias recetas, escríbame al correo electrónico **asesoria@cattleya.pe**

ÍNDICE

COMPOSICIÓN DE UN HELADO

Grasa: La cantidad de grasa en un helado de crema varía entre 3 % y 20 %. Es el ingrediente más importante, ya que aporta cuerpo, sabor y suavidad. Mejora la textura, evita que se descongele, incrementa la viscosidad y el overrum en el batido. Existen muchos tipos de grasa, pero la que yo utilizo y recomiendo es la crema de leche.

Sólidos no grasos (SLNG): La cantidad de sólidos no grasos en un helado varía entre el 10 % y el 13 %. Si el helado tiene una cantidad mayor a estos porcentajes, da como resultado un helado arenoso. Los sólidos no grasos se encuentran en leche en polvo, crema de leche y caseinatos.

Estabilizadores: Ayudan a que el helado tenga mejor textura, a que la incorporación de aire sea la adecuada. Reducen la formación de cristales de hielo. Se utilizan para evitar la separación de los ingredientes y para que el helado no se desmorone. Los encontramos en productos como NEUTRO PRESTIGIO LATTE, DPO BASE 50, ESTHEL PLUS (29720) Y DBF MASTER 50 FRUTA.

Agua: El contenido de agua no debe ser inferior al 57 % o superior al 72 % de la mezcla. El agua se encuentra con la leche, la crema, las frutas o directamente el agua.

Azúcares: Aportan la dulzura requerida, incrementan la viscosidad, mejoran la textura, el cuerpo y bajan el punto de congelación. El porcentaje de azúcar que debe tener el helado va de 15 % a 23 %. Los azúcares se encuentran en la dextrosa, azúcar refinada, azúcar invertido, glucosa, etc.

Pulpas de fruta: El porcentaje de fruta puede ir desde un 35 % hasta un 65 %, dependiendo del tipo de helado: base crema o base fruta.

Pastas y variegatos: Son excelentes para dar sabor, aroma y mejor presentación de los helados en las vitrinas exhibidoras. Los porcentajes a utilizar dependerán de las indicaciones de su proveedor.

RECOMENDACIONES ÚTILES

Siempre leer la receta completa antes de dar inicio a la preparación. De esta manera, no omitirá ningún paso, ni cometerá el error de adelantarse o sobreentender alguna indicación.

Asegúrese de tener todos los elementos necesarios en la mesa (materias primas, recipientes secos, cucharas, etc.).

Debe contar con los siguientes utensilios básicos:

- Máquina mantecadora de helados o heladera doméstica.
- Pasteurizadora u ollas de acero.
- Abatidor o *bowls* con hielo y sal.
- Balanza para kilos y gramos.
- Termómetro de cocina.
- *Bowls* de acero inoxidable.
- Espátulas de silicona y acero.

Compre insumos de calidad, pero, sobre todo, tenga cuidado con la leche en polvo. Es mejor pagar un poco más y recibir una excelente leche, de lo contrario recibirá una leche mezclada con otros sólidos que dan mal sabor y textura al helado.

Los procedimientos indicados se deben seguir paso a paso. Por ejemplo, cuando se pide dejar madurar la mezcla, deben hacerlo, pues la preparación necesita de este tiempo para que se activen e hidraten algunos ingredientes.

Las cantidades detalladas en cada receta son en base a un kilo. Si desea hacer una cantidad distinta, basta con multiplicar o calcular, con una regla de 3 simple, las cantidades mencionadas.

Cuando la mezcla esté en el fuego, siempre moverla para que no se asiente y queme.

Controlar la temperatura constantemente. Existen tres niveles de temperatura según el tipo de mezcla a realizar.

- Base que lleva huevo: temperatura máxima de 65 grados.
- Base blanca y sorbetes: 85 grados.

- Base chocolate: 90 grados.

Los recipientes que recibirán el helado deben estar refrigerados para no romper la cadena de frío.

En las recetas se menciona que el tiempo para mantecar es de 20 minutos, esto puede variar según su mantecadora o heladera doméstica. Asimismo, se menciona que el tiempo de congelación es de 3 horas, pero también dependerá del nivel de frío de su congeladora.

Es recomendable marcar una lista de cada ingrediente para evitar duplicaciones u omisiones.

El tiempo de duración del helado es de aproximadamente seis meses sin abrir.

HELADOS

HELADO DE AMARENA

Ingredientes

140 g de amarena variegato.

600 g de leche fresca.

 80 g de leche en polvo descremada.

100 g de crema de leche.

135 g de azúcar blanca.

 20 g de dextrosa.

 60 g de glucosa.

  5 g de estabilizante (esthel plus 29720).

Preparación

1. Pesar todos los ingredientes secos, uno por uno y por separado. Luego, agregarlos en un *bowl* e integrarlos bien, moviendo con una espátula. Reservar.

2. Pesar los ingredientes líquidos uno a uno. Después, agregarlos en la licuadora, sin incluir la glucosa, ni la amarena. Añadir los ingredientes secos y licuar a velocidad media por 5 minutos.

3. Agregar en una olla toda la mezcla de la licuadora. Llevar al fuego medio-bajo, sin dejar de mover. Controlar la temperatura y, cuando llegue a 85 grados, retirar del fuego. En este momento, agregar la glucosa (previamente puesta en el microondas para ablandarla) y remover bien por 2 minutos, para integrarla perfectamente a la mezcla.

4. Vaciar la mezcla a un *bowl* (limpio y seco) y enfriar a baño maría invertido, hasta alcanzar una temperatura de 20 grados, o enfriar la mezcla en abatidor por 6 minutos.

5. Dejar la mezcla madurar en refrigeración, por un tiempo mínimo de 4 horas y máximo de 24 horas.

6. Llevar a mantecar, por lo menos 20 minutos.

7. Recibir el helado en una cubeta fría (previamente refrigerada, para no romper la cadena de frío).

8. Agregar la amarena intercaladamente. Es decir, recibe un poco de helado y agrega amarena, vuelve a recibir helado y agrega amarena, hasta terminar en amarena.

9. Tapar la cubeta y llevar a congelar inmediatamente, por un mínimo de 3 horas.

HELADO DE BANANA

Ingredientes

200 g de banana.

400 g de agua.

140 g de leche en polvo descremada.

100 g de crema de leche.

115 g de azúcar blanca.

30 g de dextrosa.

15 g de estabilizante (neutro prestigio latte).

Preparación

1. Pesar todos los ingredientes secos, uno por uno y por separado. Luego, agregarlos en un bowl e integrarlos bien, moviendo con una espátula. Reservar.

2. Pesar los ingredientes líquidos uno a uno. Después, agregarlos en la licuadora, sin incluir la banana. Añadir los ingredientes secos y licuar a velocidad media por 5 minutos.

3. Agregar en una olla toda la mezcla de la licuadora. Llevar al fuego medio-bajo, sin dejar de mover. Controlar la temperatura y, cuando llegue a 85 grados, retirar del fuego.

4. Vaciar la mezcla a un bowl (limpio y seco) y enfriar a baño maría invertido, hasta alcanzar una temperatura de 20 grados, o enfriar la mezcla en abatidor por 6 minutos.

5. Dejar la mezcla madurar en refrigeración, por un tiempo mínimo de 4 horas y máximo de 24 horas.

6. Después del tiempo de maduración, y solo unos minutos antes de mantecar, incorporar la banana a la mezcla. Licuar para lograr una integración perfecta de los ingredientes.

7. Llevar a mantecar, por lo menos 20 minutos.

8. Recibir el helado en una cubeta fría (previamente refrigerada, para no romper la cadena de frío).

9. Tapar la cubeta y llevar a congelar inmediatamente, por un mínimo de 3 horas.

HELADO DE CAPUCHINO

Ingredientes

50 g de café instantáneo.

570 g de leche fresca.

70 g de leche en polvo descremada.

130 g de crema de leche.

125 g de azúcar blanca.

30 g de dextrosa.

40 g de glucosa.

35 g de estabilizante (dpo base 50).

Preparación

1. Pesar todos los ingredientes secos, uno por uno y por separado. Luego, agregarlos en un bowl e integrarlos bien, moviendo con una espátula. Reservar.

2. Pesar los ingredientes líquidos uno a uno. Después, agregarlos en la licuadora, sin incluir la glucosa. Añadir los ingredientes secos, sin incluir el café instantáneo, y licuar a velocidad media por 5 minutos.

3. Agregar en una olla toda la mezcla de la licuadora. Llevar al fuego medio-bajo, sin dejar de mover. Controlar la temperatura y, cuando llegue a los 85 grados, retirar del fuego. En este momento, agregar la glucosa (previamente puesta en el microondas para ablandarla), el café instantáneo y remover bien por 2 minutos, para integrarlos perfectamente a la mezcla.

4. Vaciar la mezcla a un bowl (limpio y seco) y enfriar a baño maría invertido, hasta alcanzar una temperatura de 20 grados, o enfriar la mezcla en abatidor por 6 minutos.

5. Dejar la mezcla madurar en refrigeración, por un tiempo mínimo de 4 horas y máximo de 24 horas.

6. Llevar a mantecar, por lo menos 20 minutos.

7. Recibir el helado en una cubeta fría (previamente refrigerada, para no romper la cadena de frío).

8. Tapar la cubeta y llevar a congelar inmediatamente, por un mínimo de 3 horas.

HELADO DE CHOCOLATE CON LECHE

Ingredientes

26 g de cacao en polvo amargo.

25 g de cobertura de chocolate al 70 %.

550 g de leche fresca.

105 g de leche en polvo descremada.

100 g de crema de leche.

140 g de azúcar blanca.

50 g de dextrosa.

4 g de estabilizante (esthel plus 29720).

Preparación

1. Pesar todos los ingredientes secos, uno por uno y por separado. Luego, agregarlos en un *bowl* e integrarlos bien, moviendo con una espátula. Reservar.

2. Pesar los ingredientes líquidos uno a uno. Después, agregarlos en la licuadora y añadir los ingredientes secos, sin incluir la cobertura de chocolate y licuar a velocidad media por 5 minutos.

3. Agregar en una olla toda la mezcla de la licuadora. Llevar a fuego medio-bajo, sin dejar de mover. Controlar la temperatura y, cuando llegue a 90 grados, retirar del fuego. En este momento, agregar la cobertura de chocolate, previamente picada en trocitos pequeños, para que se disuelva fácil y rápido. Mover constantemente hasta disolver bien la cobertura.

4. Vaciar la mezcla a un *bowl* (limpio y seco) y enfriar a baño maría invertido, hasta alcanzar una temperatura de 20 grados, o enfriar la mezcla en abatidor por 6 minutos.

5. Dejar la mezcla madurar en refrigeración, por un tiempo mínimo de 4 horas y máximo de 24 horas.

6. Llevar a mantecar, por lo menos 20 minutos.

7. Recibir el helado en una cubeta fría (previamente refrigerada, para no romper la cadena de frío).

8. Tapar la cubeta y llevar a congelar inmediatamente, por un mínimo de 3 horas.

HELADO DE FIOR DI LATTE

Ingredientes

550 g de leche fresca.

35 g de leche en polvo descremada.

185 g de crema de leche.

125 g de azúcar blanca.

30 g de dextrosa.

40 g de glucosa.

35 g de estabilizante (dpo base 50).

Preparación

1. Pesar todos los ingredientes secos, uno por uno y por separado. Luego, agregarlos en un *bowl* e integrarlos bien, moviendo con una espátula. Reservar.

2. Pesar los ingredientes líquidos uno a uno. Después, agregarlos en la licuadora, sin incluir la glucosa. Añadir los ingredientes secos y licuar a velocidad media por 5 minutos.

3. Agregar en una olla toda la mezcla de la licuadora. Llevar al fuego medio-bajo, sin dejar de mover. Controlar la temperatura y, cuando llegue a los 85 grados, retirar del fuego. En este momento, agregar la glucosa (previamente puesta en el microondas para ablandarla) y remover bien por 2 minutos, para integrarla perfectamente a la mezcla.

4. Vaciar la mezcla a un *bowl* (limpio y seco) y enfriar a baño maría invertido, hasta alcanzar una temperatura de 20 grados, o enfriar la mezcla en abatidor por 6 minutos.

5. Dejar la mezcla madurar en refrigeración, por un tiempo mínimo de 4 horas y máximo de 24 horas.

6. Llevar a mantecar, por lo menos 20 minutos.

7. Recibir el helado en una cubeta fría (previamente refrigerada, para no romper la cadena de frío).

8. Tapar la cubeta y llevar a congelar inmediatamente, por un mínimo de 3 horas.

HELADO DE LÚCUMA

Ingredientes

370 g de pulpa de lúcuma.

436 g leche fresca.

85 g leche en polvo descremada.

219 g de agua.

207 g de crema de leche.

207 g de azúcar blanca.

30 g de glucosa.

35 g de estabilizante (dpo base 50).

Preparación

1. Pesar todos los ingredientes secos, uno por uno y por separado. Luego, agregarlos en un *bowl* e integrarlos bien, moviendo con una espátula. Reservar.

2. Pesar los ingredientes líquidos uno a uno. Después, agregarlos en la licuadora, sin incluir la lúcuma, el agua, ni la glucosa. Añadir los ingredientes secos y licuar a velocidad media por 5 minutos.

3. Agregar en una olla toda la mezcla de la licuadora. Llevar al fuego medio-bajo, sin dejar de mover. Controlar la temperatura y, cuando llegue a los 85 grados, retirar del fuego. En este momento, agregar la glucosa (previamente puesta en el microondas para ablandarla) y remover bien por unos 2 minutos, para integrarla perfectamente a la mezcla.

4. Vaciar la mezcla a un *bowl* (limpio y seco) y enfriar a baño maría invertido, hasta alcanzar una temperatura de 20 grados, o enfriar la mezcla en abatidor por 6 minutos.

5. Licuar la pulpa de lúcuma con el agua. Colar y reservar.

6. Vaciar la mezcla fría en la licuadora, incorporar la pulpa de lúcuma (ya licuada y colada) y licuar hasta integrar perfectamente.

7. Dejar la mezcla madurar en refrigeración, por un tiempo mínimo de 4 horas y máximo de 24 horas.

8. Llevar a mantecar, por lo menos 20 minutos.

9. Recibir el helado en una cubeta fría (previamente refrigerada, para no romper la cadena de frío).

10. Tapar la cubeta y llevar a congelar inmediatamente, por un mínimo de 3 horas.

HELADO DE MANÍ

Ingredientes

100 g de pasta de maní.

740 g de leche fresca.

15 g de leche en polvo descremada.

41 g de crema de leche .

180 g de azúcar blanca.

20 g de dextrosa.

4 g de estabilizante (esthel plus 29720).

Preparación

1. Pesar todos los ingredientes secos, uno por uno y por separado. Luego, agregarlos en un *bowl* e integrarlos bien, moviendo con una espátula. Reservar.

2. Pesar los ingredientes líquidos uno a uno. Después, agregarlos en la licuadora, sin incluir la pasta de maní. Añadir los ingredientes secos y licuar a velocidad media por 5 minutos.

3. Agregar en una olla toda la mezcla de la licuadora. Llevar a fuego medio-bajo, sin dejar de mover. Controlar la temperatura y, cuando llegue a los 85 grados, retirar del fuego.

4. Vaciar la mezcla a un *bowl* (limpio y seco) y enfriar a baño maría invertido, hasta alcanzar una temperatura de 20 grados, o enfriar la mezcla en abatidor por 6 minutos

5. Vaciar la mezcla fría en la licuadora, incorporar la pasta de maní y licuar hasta integrar perfectamente.

6. Dejar la mezcla madurar en refrigeración, por un tiempo mínimo de 4 horas y máximo de 24 horas.

7. Llevar a mantecar, por lo menos 20 minutos.

8. Recibir el helado en una cubeta fría (previamente refrigerada, para no romper la cadena de frío).

9. Tapar la cubeta y llevar a congelar inmediatamente, por un mínimo de 3 horas.

HELADO DE MANJAR BLANCO

Ingredientes

385 g de manjar blanco.

340 g de agua.

120 g de leche en polvo descremada.

110 g de crema de leche.

30 g de azúcar blanca.

15 g de estabilizante (neutro prestigio latte).

Preparación

1. Pesar todos los ingredientes secos, uno por uno y por separado. Luego, agregarlos en un *bowl* e integrarlos bien, moviendo con una espátula. Reservar.

2. Pesar los ingredientes líquidos uno a uno. Después, agregarlos en la licuadora, sin incluir el manjar blanco. Añadir los ingredientes secos y licuar a velocidad media por 5 minutos.

3. Agregar en una olla toda la mezcla de la licuadora. Llevar a fuego medio-bajo, sin dejar de mover. Controlar la temperatura y, cuando llegue a los 85 grados, retirar del fuego.

4. Vaciar la mezcla a un *bowl* (limpio y seco) y enfriar a baño maría invertido, hasta alcanzar una temperatura de 20 grados, o enfriar la mezcla en abatidor por 6 minutos.

5. Vaciar la mezcla fría en la licuadora, incorporar el manjar blanco y licuar hasta integrar perfectamente.

6. Dejar la mezcla madurar en refrigeración, por un tiempo mínimo de 4 horas y máximo de 24 horas

7. Llevar a mantecar, por lo menos 20 minutos.

8. Recibir el helado en una cubeta fría (previamente refrigerada, para no romper la cadena de frío).

9. Tapar la cubeta y llevar a congelar inmediatamente, por un mínimo de 3 horas.

HELADO DE MENTA

Ingredientes

50 g   de pasta de menta.

585 g   de agua.

150 g   de leche en polvo descremada.

30 g   de crema de leche.

140 g   de azúcar blanca.

30 g   de dextrosa.

15 g   de estabilizante (neutro prestigio latte).

Preparación

1. Pesar todos los ingredientes secos, uno por uno y por separado. Luego, agregarlos en un *bowl* e integrarlos bien, moviendo con una espátula. Reservar.

2. Pesar los ingredientes líquidos uno a uno. Después, agregarlos en la licuadora, sin incluir la pasta de menta. Añadir los ingredientes secos y licuar a velocidad media por 5 minutos.

3. Agregar en una olla toda la mezcla de la licuadora. Llevar a fuego medio-bajo, sin dejar de mover. Controlar la temperatura y, cuando llegue a los 85 grados, retirar del fuego.

4. Vaciar la mezcla a un *bowl* (limpio y seco) y enfriar a baño maría invertido, hasta alcanzar una temperatura de 20 grados, o enfriar la mezcla en abatidor por 6 minutos.

5. Vaciar la mezcla fría en la licuadora, incorporar la pasta de menta y licuar hasta integrar perfectamente.

6. Dejar la mezcla madurar en la refrigeradora por un periodo de mínimo 4 horas y de máximo 24 horas.

7. Llevar a mantecar, por lo menos 20 minutos.

8. Recibir el helado en una cubeta fría (previamente refrigerada, para no romper la cadena de frío).

9. Tapar la cubeta y llevar a congelar inmediatamente, por un mínimo de 3 horas.

HELADO DE NUTELLA

Ingredientes

110 g   de Nutella.

620 g   de leche fresca.

13 g   de leche en polvo descremada.

30 g   de crema de leche.

150 g   de azúcar blanca.

62 g   de dextrosa.

15 g   de estabilizante (neutro prestigio latte).

Preparación

1. Pesar todos los ingredientes secos, uno por uno y por separado. Luego, agregarlos en un *bowl* e integrarlos bien, moviendo con una espátula. Reservar.

2. Pesar los ingredientes líquidos uno a uno. Después, agregarlos en la licuadora, sin incluir la Nutella. Añadir los ingredientes secos y licuar a velocidad media por 5 minutos.

3. Agregar en una olla toda la mezcla de la licuadora. Llevar a fuego medio-bajo, sin dejar de mover. Controlar la temperatura y, cuando llegue a los 85 grados, retirar del fuego.

4. Vaciar la mezcla a un *bowl* (limpio y seco) y enfriar a baño maría invertido, hasta alcanzar una temperatura de 20 grados, o enfriar la mezcla en abatidor por 6 minutos.

5. Vaciar la mezcla fría en la licuadora, incorporar la Nutella y licuar hasta integrar perfectamente.

6. Dejar la mezcla madurar en refrigeración, por un tiempo mínimo de 4 horas y máximo de 24 horas.

7. Llevar a mantecar, por lo menos 20 minutos.

8. Recibir el helado en una cubeta fría (previamente refrigerada, para no romper la cadena de frío).

9. Tapar la cubeta y llevar a congelar inmediatamente, por un mínimo de 3 horas.

HELADO DE OREO

Ingredientes

220 g de galleta oreo.

570 g de leche fresca.

70 g de leche en polvo descremada.

150 g de crema de leche.

125g de azúcar.

50g de dextrosa.

35 g de estabilizante (dpo base 50).

Preparación

1. Pesar todos los ingredientes secos, uno por uno y por separado. Luego, agregarlos en un *bowl* e integrarlos bien, moviendo con una espátula. Reservar.

2. Pesar los ingredientes líquidos uno a uno. Después, agregarlos en la licuadora, sin incluir la glucosa. Añadir los ingredientes secos, sin incluir la galleta, y licuar a velocidad media por 5 minutos.

3. Agregar en una olla toda la mezcla de la licuadora. Llevar a fuego medio-bajo, sin dejar de mover. Controlar la temperatura y, cuando llegue a los 85 grados, retirar del fuego. En este momento, agregar la glucosa (previamente puesta en el microondas para ablandarla) y remover bien por unos 2 minutos, para integrarla perfectamente a la mezcla.

4. Vaciar la mezcla a un *bowl* (limpio y seco) y enfriar a baño maría invertido, hasta alcanzar una temperatura de 20 grados, o enfriar la mezcla en abatidor por 6 minutos.

5. Dejar la mezcla madurar en refrigeración, por un tiempo mínimo de 4 horas y máximo de 24 horas.

6. Picar la galleta en trozos de 4 centímetros aproximadamente. Reservar.

7. Mantecar la mezcla por 20 minutos.

8. Recibir el helado en una cubeta fría (previamente refrigerada, para no romper la cadena de frío).

9. Agregar los trozos de galletas intercaladamente. Es decir, recibe un poco de helado y agrega galleta, vuelve a recibir helado y agrega galleta, hasta terminar en galleta.

10. Tapar la cubeta y llevar a congelar inmediatamente, por un mínimo de 3 horas.

HELADO DE PISTACHO

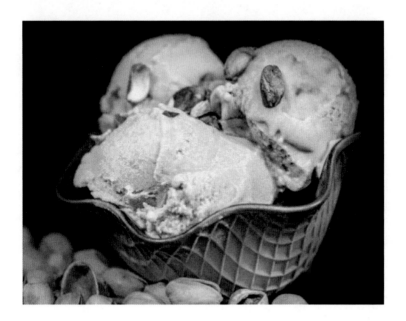

Ingredientes

170 g de pasta de pistacho.

705 g de leche fresca.

50 g de leche en polvo descremada.

40 g de crema de leche.

150 g de azúcar blanca.

40 g de dextrosa.

15 g de estabilizante (neutro prestigio latte).

Preparación

1. Pesar todos los ingredientes secos, uno por uno y por separado. Luego, agregarlos en un *bowl* e integrarlos bien, moviendo con una espátula. Reservar.

2. Pesar los ingredientes líquidos uno a uno. Después, agregarlos en la licuadora, sin incluir la pasta de pistacho. Añadir los ingredientes secos y licuar a velocidad media por 5 minutos.

3. Agregar en una olla toda la mezcla de la licuadora. Llevar a fuego medio-bajo, sin dejar de mover. Controlar la temperatura y, cuando llegue a los 85 grados, retirar del fuego

4. Vaciar la mezcla a un *bowl* (limpio y seco) y enfriar a baño maría invertido, hasta alcanzar una temperatura de 20 grados, o enfriar la mezcla en abatidor por 6 minutos.

5. Vaciar la mezcla fría en la licuadora, incorporar la pasta de pistacho y licuar hasta integrar perfectamente.

6. Dejar la mezcla madurar en refrigeración, por un tiempo mínimo de 4 horas y máximo de 24 horas.

7. Llevar a mantecar, por lo menos 20 minutos.

8. Recibir el helado en una cubeta fría (previamente refrigerada, para no romper la cadena de frío).

9. Tapar la cubeta y llevar a congelar inmediatamente, por un mínimo de 3 horas.

HELADO DE VAINILLA

Ingredientes

1 vaina de vainilla.

535 g de leche fresca.

37 g de leche en polvo descremada.

150 g de crema de leche.

152 g de azúcar blanca.

19 g de glucosa.

72 g de yema de huevo.

35 g de estabilizante (dpo base 50).

Preparación

1. Raspar la vaina para extraer todo el contenido. En una olla, agregar la leche fresca, la vaina y todo el raspado de vainilla.

2. Llevar a fuego y calentar hasta llegar a los 85 grados. Apagar el fuego y dejar enfriar. Refrigerar por 24 horas como mínimo, sin colar, a fin de que la leche absorba el sabor y aroma de la vainilla.

3. Pesar todos los ingredientes secos, uno por uno y por separado. Luego, agregarlos en un *bowl* e integrarlos bien, moviendo con una espátula. Reservar.

4. Pesar los ingredientes líquidos uno a uno. Después, agregarlos en la licuadora, sin incluir la glucosa, pero incluyendo la leche que dejamos reposar el día anterior. Incorporar los ingredientes secos y licuar a velocidad media por 5 minutos.

5. Agregar en una olla toda la mezcla de la licuadora. Llevar a fuego medio-bajo, sin dejar de mover. Controlar la temperatura y, cuando llegue a los 65 grados, retirar del fuego. En este momento, agregar la glucosa (previamente puesta en el microondas para ablandarla) y remover bien por 2 minutos, para integrarla perfectamente a la mezcla.

6. Vaciar la mezcla a un *bowl* (limpio y seco) y enfriar a baño maría invertido, hasta alcanzar una temperatura de 20 grados, o enfriar la mezcla en abatidor por 6 minutos.

7. Dejar la mezcla madurar en refrigeración, por un tiempo mínimo de 4 horas y máximo de 24 horas.

8. Llevar a mantecar, por lo menos 20 minutos.

9. Recibir el helado en una cubeta fría (previamente refrigerada, para no romper la cadena de frío).

10. Tapar la cubeta y llevar a congelar inmediatamente, por un mínimo de 3 horas.

HELADO DE YOGUR NATURAL

Ingredientes

525 g de yogur natural.

220 g de leche fresca.

55 g de leche en polvo descremada.

130 g de azúcar blanca.

55 g de dextrosa.

15 g de estabilizante (neutro prestigio latte).

Preparación

1. Pesar todos los ingredientes secos, uno por uno y por separado. Luego, agregarlos en un *bowl* e integrarlos bien, moviendo con una espátula. Reservar.

2. Pesar los ingredientes líquidos uno a uno. Después, agregarlos en la licuadora y añadir los ingredientes secos. Licuar a velocidad media por 5 minutos.

3. Dejar la mezcla madurar en refrigeración por un espacio mínimo de 20 minutos y máximo de 30 minutos.

4. Llevar a mantecar, por lo menos 20 minutos.

5. Recibir el helado en una cubeta fría (previamente refrigerada, para no romper la cadena de frío).

6. Tapar la cubeta y llevar a congelar inmediatamente, por un mínimo de 3 horas.

HELADO STRACIATELLA

Ingredientes

40 g   de chocolate bitter al 70 %.

590 g   de leche fresca.

70 g   de leche en polvo descremada.

110 g   de crema de leche.

125 g   de azúcar blanca.

40 g   de glucosa.

30 g   de dextrosa.

20 g   de aceite de maíz.

35 g   de estabilizante (dpo base 50).

Preparación

1. Pesar todos los ingredientes secos, uno por uno y por separado. Luego, agregarlos en un bowl e integrarlos bien, moviendo con una espátula. Reservar.

2. Pesar los ingredientes líquidos uno a uno. Después, agregarlos en la licuadora, sin incluir la glucosa, ni el aceite de maíz. Añadir los ingredientes secos, sin incluir el chocolate bitter y licuar a velocidad media por 5 minutos.

3. Agregar en una olla toda la mezcla de la licuadora. Llevar a fuego medio-bajo, sin dejar de mover. Controlar la temperatura y, cuando llegue a los 85 grados, retirar del fuego. En este momento, agregar la glucosa (previamente puesta en el microondas para ablandarla) y remover bien por unos 2 minutos, para integrarla perfectamente a la mezcla.

4. Vaciar la mezcla a un *bowl* (limpio y seco) y enfriar a baño maría invertido, hasta alcanzar una temperatura de 20 grados, o enfriar la mezcla en abatidor por 6 minutos.

5. Dejar la mezcla madurar en refrigeración, por un tiempo mínimo de 4 horas y máximo de 24 horas.

6. Derretir el chocolate bitter a baño maría y agregar el aceite de maíz. Mezclar y reservar.

7. Llevar a mantecar, por lo menos 20 minutos.

8. Recibir el helado en una cubeta fría (previamente refrigerada, para no romper la cadena de frío).

9. Agregar el chocolate derretido intercaladamente. Es decir, recibe un poco de helado y agrega chocolate, vuelve a recibir helado y agrega chocolate, hasta terminar en chocolate.

10. Tapar la cubeta y llevar a congelar inmediatamente, por un mínimo de 3 horas.

SORBETES

SORBETE DE CHIRIMOYA

Ingredientes

395 g   de pulpa de chirimoya.

365 g   de agua.

180 g   de azúcar blanca.

20 g   de dextrosa.

1 g   de ácido cítrico.

40 g   de estabilizante (dbf master 50).

Preparación

1. Pesar todos los ingredientes secos, uno por uno y por separado. Luego, agregarlos en un *bowl* e integrarlos bien, moviendo con una espátula. Reservar.

2. Pesar los ingredientes líquidos uno a uno. Después, agregarlos en la licuadora, sin incluir la chirimoya. Añadir los ingredientes secos y licuar a velocidad media por 5 minutos.

3. Agregar en una olla toda la mezcla de la licuadora. Llevar a fuego medio-bajo, sin dejar de mover. Controlar la temperatura y, cuando llegue a los 85 grados, retirar del fuego.

4. Vaciar la mezcla a un *bowl* (limpio y seco) y enfriar a baño maría invertido, hasta alcanzar una temperatura de 20 grados, o enfriar la mezcla en abatidor por 6 minutos.

5. Dejar la mezcla madurar en refrigeración, por un tiempo mínimo de 2 horas y máximo de 4 horas.

6. Vaciar la mezcla fría en la licuadora, incorporar la pulpa de chirimoya y licuar hasta integrar perfectamente.

7. Llevar a mantecar, por lo menos 20 minutos.

8. Recibir el helado en una cubeta fría (previamente refrigerada, para no romper la cadena de frío).

9. Tapar la cubeta y llevar a congelar inmediatamente, por un mínimo de 3 horas.

SORBETE DE CHOCOLATE

Ingredientes

72 g de cacao en polvo.

150 g de cobertura de cacao al 60 %.

495 g de agua.

38 g de maltodextrina.

25 g de azúcar invertido.

135 g de azúcar blanca.

50 g de dextrosa.

35 g de estabilizante (dbf master 50).

Preparación

1. Pesar todos los ingredientes secos, uno por uno y por separado. Luego, agregarlos en un *bowl* e integrarlos bien, moviendo con una espátula. Reservar.

2. Pesar los ingredientes líquidos uno a uno. Después, agregarlos en la licuadora y añadir los ingredientes secos, sin incluir la cobertura, y licuar a velocidad media por 5 minutos.

3. Agregar en una olla toda la mezcla de la licuadora. Llevar a fuego medio-bajo, sin dejar de mover. Controlar la temperatura y, cuando llegue a los 90 grados, retirar del fuego. En este momento, agregar la cobertura de chocolate, previamente picada en trocitos pequeños, para que se disuelva fácil y rápido. Mover constantemente, hasta disolver bien la cobertura.

4. Vaciar la mezcla a un *bowl* (limpio y seco) y enfriar a baño maría invertido, hasta alcanzar una temperatura de 20 grados, o enfriar la mezcla en abatidor por 6 minutos.

5. Dejar la mezcla madurar en refrigeración, por un tiempo mínimo de 4 horas y máximo de 24 horas.

6. Llevar a mantecar, por lo menos 20 minutos.

7. Recibir el helado en una cubeta fría (previamente refrigerada, para no romper la cadena de frío).

8. Tapar la cubeta y llevar a congelar inmediatamente, por un mínimo de 3 horas.

SORBETE DE FRAMBUESA

Ingredientes

500 g de frambuesas frescas.

225 g de agua.

230 g de azúcar blanca.

10 g de jugo de limón.

35 g de estabilizante (dbf master 50).

Preparación

1. Pesar todos los ingredientes secos, uno por uno y por separado. Luego, agregarlos en un *bowl* e integrarlos bien, moviendo con una espátula. Reservar.

2. Pesar los ingredientes líquidos uno a uno. Después, agregarlos en la licuadora, sin incluir las frambuesas y el jugo de limón. Añadir los ingredientes secos y licuar a velocidad media por 5 minutos.

3. Agregar en una olla toda la mezcla de la licuadora. Llevar a fuego medio-bajo, sin dejar de mover. Controlar la temperatura y, cuando llegue a los 85 grados, retirar del fuego.

4. Vaciar la mezcla a un *bowl* (limpio y seco) y enfriar a baño maría invertido, hasta alcanzar una temperatura de 20 grados, o enfriar la mezcla en abatidor por 6 minutos.

5. Dejar la mezcla madurar en refrigeración por un espacio mínimo de 2 horas y máximo de 4 horas.

6. Vaciar la mezcla fría en la licuadora. Incorporar el zumo de limón, la frambuesa, y licuar hasta integrar perfectamente.

7. Llevar a mantecar, por lo menos 20 minutos.

8. Recibir el helado en una cubeta fría (previamente refrigerada, para no romper la cadena de frío).

9. Tapar la cubeta y llevar a congelar inmediatamente, por un mínimo de 3 horas.

SORBETE DE GUANÁBANA

Ingredientes

395 g   de pulpa de guanábana.

365 g   de agua.

170 g   de azúcar blanca.

20 g   de dextrosa.

1 g   de ácido cítrico.

50 g   de estabilizante (dbf master 50).

Preparación

1. Pesar todos los ingredientes secos, uno por uno y por separado. Luego, agregarlos en un *bowl* e integrarlos bien, moviendo con una espátula. Reservar.

2. Pesar los ingredientes líquidos uno a uno. Después, agregarlos en la licuadora, sin incluir la guanábana. Añadir los ingredientes secos y licuar a velocidad media por 5 minutos.

3. Agregar en una olla toda la mezcla de la licuadora. Llevar a fuego medio-bajo, sin dejar de mover. Controlar la temperatura y, cuando llegue a los 85 grados, retirar del fuego.

4. Vaciar la mezcla a un *bowl* (limpio y seco) y enfriar a baño maría invertido, hasta alcanzar una temperatura de 20 grados, o enfriar la mezcla en abatidor por 6 minutos.

5. Dejar la mezcla madurar en refrigeración por un espacio mínimo de 2 horas y máximo de 4 horas.

6. Vaciar la mezcla fría a la licuadora, incorporar la pulpa de guanábana y licuar hasta integrar perfectamente.

7. Llevar a mantecar, por lo menos 20 minutos.

8. Recibir el helado en una cubeta fría (previamente refrigerada, para no romper la cadena de frío).

9. Tapar la cubeta y llevar a congelar inmediatamente, por un mínimo de 3 horas.

SORBETE DE LIMÓN

Ingredientes

140 g de zumo de limón.

570 g de agua.

220 g de azúcar blanca.

20 g de dextrosa.

2 g de ácido cítrico.

50 g de estabilizante (dbf master 50).

Preparación

1. Pesar todos los ingredientes secos, uno por uno y por separado. Luego, agregarlos en un *bowl* e integrarlos bien, moviendo con una espátula. Reservar.

2. Pesar los ingredientes líquidos uno a uno. Después, agregarlos en la licuadora, sin incluir el limón. Añadir los ingredientes secos y licuar a velocidad media por 5 minutos.

3. Agregar en una olla toda la mezcla de la licuadora. Llevar a fuego medio-bajo, sin dejar de mover. Controlar la temperatura y, cuando llegue a los 85 grados, retirar del fuego.

4. Vaciar la mezcla a un *bowl* (limpio y seco) y enfriar a baño maría invertido, hasta alcanzar una temperatura de 20 grados, o enfriar la mezcla en abatidor por 6 minutos.

5. Dejar la mezcla madurar en refrigeración por un espacio mínimo de 2 horas y máximo de 4 horas.

6. Después del tiempo de maduración y solo unos minutos antes de mantecar, incorporar el zumo de limón (se debe exprimir en el momento) a la mezcla. Licuar para lograr una integración perfecta de los ingredientes.

7. Llevar a mantecar, por lo menos 20 minutos.

8. Recibir el helado en una cubeta fría (previamente refrigerada, para no romper la cadena de frío).

9. Tapar la cubeta y llevar a congelar inmediatamente, por un mínimo de 3 horas.

SORBETE DE MANDARINA

Ingredientes

655 g de zumo de mandarina.

80 g de agua.

190 g de azúcar blanca.

25 g de dextrosa.

50 g de estabilizante dbf master 50).

Preparación

1. Pesar todos los ingredientes secos, uno por uno y por separado. Luego, agregarlos en un *bowl* e integrarlos bien, moviendo con una espátula. Reservar.

2. Pesar los ingredientes líquidos uno a uno. Después, agregarlos en la licuadora, sin incluir la mandarina. Añadir los ingredientes secos y licuar a velocidad media por 5 minutos.

3. Agregar en una olla toda la mezcla de la licuadora. Llevar a fuego medio-bajo, sin dejar de mover. Controlar la temperatura y, cuando llegue a los 85 grados, retirar del fuego.

4. Vaciar la mezcla a un *bowl* (limpio y seco) y enfriar a baño maría invertido, hasta alcanzar una temperatura de 20 grados, o enfriar la mezcla en abatidor por 6 minutos.

5. Dejar la mezcla madurar en refrigeración por un espacio mínimo de 2 horas y máximo de 4 horas.

6. Después del tiempo de maduración y solo unos minutos antes de mantecar, incorporar el zumo de mandarina (se debe exprimir en el momento) a la mezcla. Licuar para lograr una integración perfecta de los ingredientes.

7. Llevar a mantecar, por lo menos 20 minutos.

8. Recibir el helado en una cubeta fría (previamente refrigerada, para no romper la cadena de frío).

9. Tapar la cubeta y llevar a congelar inmediatamente, por un mínimo de 3 horas.

SORBETE DE MANGO

Ingredientes

350 g de pulpa de mango.

403 g de agua.

182 g de azúcar blanca.

15 g de dextrosa.

50 g de estabilizante (dbf master 50).

Preparación

1. Pesar todos los ingredientes secos, uno por uno y por separado. Luego, agregarlos en un *bowl* e integrarlos bien, moviendo con una espátula. Reservar.

2. Pesar los ingredientes líquidos uno a uno. Después, agregarlos en la licuadora, sin incluir el mango. Añadir los ingredientes secos y licuar a velocidad media por 5 minutos.

3. Agregar en una olla toda la mezcla de la licuadora. Llevar a fuego medio-bajo, sin dejar de mover. Controlar la temperatura y, cuando llegue a los 85 grados, retirar del fuego.

4. Vaciar la mezcla a un *bowl* (limpio y seco) y enfriar a baño maría hasta alcanzar una temperatura de 20 grados, o enfriar la mezcla en abatidor por 6 minutos.

5. Vaciar la mezcla fría a la licuadora, incorporar la pulpa de mango y licuar hasta integrar perfectamente.

6. Dejar la mezcla madurar en refrigeración por un espacio mínimo de 1 hora y máximo de 2 horas.

7. Llevar a mantecar, por lo menos 20 minutos.

8. Recibir el helado en una cubeta fría (previamente refrigerada, para no romper la cadena de frío).

9. Tapar la cubeta y llevar a congelar inmediatamente, por un mínimo de 3 horas.

SORBETE DE MARACUMANGO

Ingredientes

200 g de pulpa de mango.

100 g de zumo de maracuyá natural.

180 g de azúcar blanca.

40 g de dextrosa.

30 g de glucosa.

400 g de agua.

50 g de estabilizante (dbf master 50 fruta).

Preparación

1. Pesar todos los ingredientes secos, uno por uno y por separado. Luego, agregarlos en un *bowl* e integrarlos bien, moviendo con una espátula. Reservar.

2. Pesar los ingredientes líquidos uno a uno. Después, agregarlos en la licuadora sin incluir la pulpa de mango, el zumo de maracuyá y la glucosa. Añadir los ingredientes secos y licuar a velocidad media por 5 minutos.

3. Agregar en una olla toda la mezcla de la licuadora. Llevar al fuego medio-bajo, sin dejar de mover. Controlar la temperatura y, cuando llegue a los 85 grados, retirar del fuego. En este momento, agregar la glucosa (previamente puesta en el microondas para ablandarla) y remover bien por 2 minutos, para integrarla perfectamente a la mezcla.

4. Vaciar la mezcla a un *bowl* (limpio y seco) y enfriar a baño maría invertido, hasta alcanzar una temperatura de 20 grados, o enfriar la mezcla en abatidor por 6 minutos.

5. Vaciar la mezcla fría a la licuadora. Incorporar el zumo de maracuyá, la pulpa de mango, y licuar hasta integrar perfectamente.

6. Dejar la mezcla madurar en refrigeración por un espacio mínimo de 2 horas y máximo de 4 horas.

7. Llevar a mantecar, por lo menos 20 minutos.

8. Recibir el helado en una cubeta fría (previamente refrigerada, para no romper la cadena de frío).

9. Tapar la cubeta y llevar a congelar inmediatamente, por un mínimo de 3 horas.

54

SORBETE DE MARACUYÁ

Ingredientes

250 g   de zumo de maracuyá natural.

465 g   de agua.

215 g   de azúcar blanca.

30 g   de dextrosa.

40 g   de estabilizante (dbf master 50 fruta).

Preparación

1. Pesar todos los ingredientes secos, uno por uno y por separado. Luego, agregarlos en un *bowl* e integrarlos bien, moviendo con una espátula. Reservar.

2. Pesar los ingredientes líquidos uno a uno. Después, agregarlos en la licuadora, sin incluir el zumo de maracuyá. Añadir los ingredientes secos y licuar a velocidad media por 5 minutos.

3. Agregar en una olla toda la mezcla de la licuadora. Llevar a fuego medio-bajo, sin dejar de mover. Controlar la temperatura y, cuando llegue a los 85 grados, retirar del fuego.

4. Vaciar la mezcla a un *bowl* (limpio y seco) y enfriar a baño maría invertido, hasta alcanzar una temperatura de 20 grados, o enfriar la mezcla en abatidor por 6 minutos.

5. Vaciar la mezcla fría a la licuadora, incorporar el zumo de maracuyá y licuar hasta integrar perfectamente.

6. Dejar la mezcla madurar en refrigeración por un espacio mínimo de 2 horas y máximo de 4 horas.

7. Llevar a mantecar, por lo menos 20 minutos.

8. Recibir el helado en una cubeta fría (previamente refrigerada, para no romper la cadena de frío).

9. Tapar la cubeta y llevar a congelar inmediatamente, por un mínimo de 3 horas.

SORBETE DE MELÓN

Ingredientes

655 g de pulpa de melón

80 g de agua.

190 g de azúcar blanca.

25 g de dextrosa.

50 g de estabilizante (dbf master 50).

Preparación

1. Pesar todos los ingredientes secos, uno por uno y por separado. Luego, agregarlos en un bowl e integrarlos bien, moviendo con una espátula. Reservar.

2. Pesar los ingredientes líquidos uno a uno. Después, agregarlos en la licuadora, sin incluir el zumo de melón. Añadir los ingredientes secos y licuar a velocidad media por 5 minutos.

3. Agregar en una olla toda la mezcla de la licuadora. Llevar a fuego medio-bajo, sin dejar de mover. Controlar la temperatura y, cuando llegue a los 85 grados, retirar del fuego.

4. Vaciar la mezcla a un bowl (limpio y seco) y enfriar a baño maría invertido, hasta alcanzar una temperatura de 20 grados, o enfriar la mezcla en abatidor por 6 minutos.

5. Dejar la mezcla madurar en refrigeración por un espacio mínimo de 2 horas y máximo de 4 horas.

6. Después del tiempo de maduración, y solo unos minutos antes de mantecar, incorporar la pulpa de melón a la mezcla. Licuar para lograr una integración perfecta de los ingredientes.

7. Llevar a mantecar, por lo menos 20 minutos.

8. Recibir el helado en una cubeta fría (previamente refrigerada, para no romper la cadena de frío).

9. Tapar la cubeta y llevar a congelar inmediatamente, por un mínimo de 3 horas.

SORBETE DE PIÑA

Ingredientes

250 g de pulpa de piña.

465 g de agua.

215 g de azúcar blanca.

30 g de dextrosa.

40 g de estabilizante (dbf master 50 fruta).

Preparación

1. Pesar todos los ingredientes secos, uno por uno y por separado. Luego, agregarlos en un *bowl* e integrarlos bien, moviendo con una espátula. Reservar.

2. Pesar los ingredientes líquidos uno a uno. Después, agregarlos en la licuadora, sin incluir la pulpa de piña. Añadir los ingredientes secos y licuar a velocidad media por 5 minutos.

3. Agregar en una olla toda la mezcla de la licuadora. Llevar a fuego medio-bajo, sin dejar de mover. Controlar la temperatura y, cuando llegue a los 85 grados, retirar del fuego.

4. Vaciar la mezcla a un *bowl* (limpio y seco) y enfriar a baño maría invertido, hasta alcanzar una temperatura de 20 grados, o enfriar la mezcla en abatidor por 6 minutos.

5. Vaciar la mezcla fría a la licuadora, incorporar la pulpa de piña y licuar hasta integrar perfectamente.

6. Dejar la mezcla madurar en refrigeración por un espacio de mínimo 2 horas y de máximo 4 horas.

7. Llevar a mantecar, por lo menos 20 minutos.

8. Recibir el helado en una cubeta fría (previamente refrigerada, para no romper la cadena de frío).

9. Tapar la cubeta y llevar a congelar inmediatamente, por un mínimo de 3 horas.

SORBETE DE SANDÍA

Ingredientes

500 g de pulpa de sandía sin pepa.

250 g de agua.

180 g de azúcar blanca.

20 g de dextrosa.

50 g de estabilizante (dbf master 50 fruta).

Preparación

1. Pesar todos los ingredientes secos, uno por uno y por separado. Luego, agregarlos en un *bowl* e integrarlos bien, moviendo con una espátula. Reservar.

2. Pesar los ingredientes líquidos uno a uno. Después, agregarlos en la licuadora, sin incluir la pulpa de sandía. Añadir los ingredientes secos y licuar a velocidad media por 5 minutos.

3. Agregar en una olla toda la mezcla de la licuadora. Llevar a fuego medio-bajo, sin dejar de mover. Controlar la temperatura y, cuando llegue a los 85 grados, retirar del fuego.

4. Vaciar la mezcla a un *bowl* (limpio y seco) y enfriar a baño maría invertido, hasta alcanzar una temperatura de 20 grados, o enfriar la mezcla en abatidor por 6 minutos.

5. Dejar la mezcla madurar en refrigeración por un espacio mínimo de 2 horas y máximo de 4 horas.

6. Después del tiempo de maduración, y solo unos minutos antes de mantecar, incorporar la pulpa de sandía a la mezcla. Licuar para lograr una integración perfecta de los ingredientes.

7. Llevar a mantecar, por lo menos 20 minutos.

8. Recibir el helado en una cubeta fría (previamente refrigerada, para no romper la cadena de frío).

9. Tapar la cubeta y llevar a congelar inmediatamente, por un mínimo de 3 horas.

SORBETE DE TAMARINDO

Ingredientes

150 g   de pulpa de tamarindo.

550 g   de agua.

230 g   de azúcar blanca.

20 g   de dextrosa.

50 g   de estabilizante (dbf base 50 fruta).

Preparación

1. Pesar todos los ingredientes secos, uno por uno y por separado. Luego, agregarlos en un *bowl* e integrarlos bien, moviendo con una espátula. Reservar.

2. Pesar los ingredientes líquidos uno a uno. Después, agregarlos en la licuadora, sin incluir la pulpa de tamarindo. Añadir los ingredientes secos y licuar a velocidad media por 5 minutos.

3. Agregar en una olla toda la mezcla de la licuadora. Llevar a fuego medio-bajo, sin dejar de mover. Controlar la temperatura y, cuando llegue a los 85 grados, retirar del fuego.

4. Vaciar la mezcla a un *bowl* (limpio y seco) y enfriar a baño maría invertido, hasta alcanzar una temperatura de 20 grados, o enfriar la mezcla en abatidor por 6 minutos.

5. Vaciar la mezcla fría a la licuadora, incorporar la pulpa de tamarindo y licuar hasta integrar perfectamente.

6. Dejar la mezcla madurar en refrigeración por un espacio mínimo de 2 horas y máximo de 4 horas.

7. Llevar a mantecar, por lo menos 20 minutos.

8. Recibir el helado en una cubeta fría (previamente refrigerada, para no romper la cadena de frío).

9. Tapar la cubeta y llevar a congelar inmediatamente, por un mínimo de 3 horas.

VEGANO DE AVELLANAS

Ingredientes

100 g de pasta de avellanas.

720 g de leche de soya.

38 g de aceite vegetal (maíz o soya).

143 g de azúcar blanca.

24 g de dextrosa.

32 g de glucosa.

28 g de inulina.

15 g de estabilizante (neutro prestigio fruta).

Preparación

1. Pesar todos los ingredientes secos, uno por uno y por separado. Luego, agregarlos en un *bowl* e integrarlos bien, moviendo con una espátula. Reservar.

2. Pesar los ingredientes líquidos uno a uno, Después, agregarlos en la licuadora, sin incluir la pasta de avellanas. Añadir los ingredientes secos y licuar a velocidad media por 5 minutos.

3. Agregar en una olla toda la mezcla de la licuadora. Llevar a fuego medio-bajo, sin dejar de mover. Controlar la temperatura y, cuando llegue a los 85 grados, retirar del fuego.

4. Vaciar la mezcla a un *bowl* (limpio y seco) y enfriar a baño maría invertido, hasta alcanzar una temperatura de 20 grados, o enfriar la mezcla en abatidor por 6 minutos.

5. Vaciar la mezcla fría a la licuadora, incorporar la pasta de avellanas y licuar hasta integrar perfectamente.

6. Dejar la mezcla madurar en refrigeración por un espacio mínimo de 2 horas y máximo de 4 horas.

7. Llevar a mantecar, por lo menos 20 minutos.

8. Recibir el helado en una cubeta fría (previamente refrigerada, para no romper la cadena de frío).

9. Tapar la cubeta y llevar a congelar inmediatamente, por un mínimo de 3 horas.

VEGANO DE BANANA

Ingredientes

328 g   de pulpa de banana.

704 g   de leche de almendras.

41 g   de aceite vegetal (maíz o soya).

176 g   de azúcar blanca.

15 g   de dextrosa.

29 g   de glucosa.

20 g   de inulina.

15 g   de estabilizante (neutro prestigio fruta).

Preparación

1. Pesar todos los ingredientes secos, uno por uno y por separado. Luego, agregarlos en un *bowl* e integrarlos bien, moviendo con una espátula. Reservar.

2. Pesar los ingredientes líquidos uno a uno. Después, agregarlos en la licuadora, sin incluir la pulpa de banana. Añadir los ingredientes secos y licuar a velocidad media por 5 minutos.

3. Agregar en una olla toda la mezcla de la licuadora. Llevar a fuego medio-bajo, sin dejar de mover. Controlar la temperatura y, cuando llegue a los 85 grados, retirar del fuego.

4. Vaciar la mezcla a un *bowl* (limpio y seco) y enfriar a baño maría invertido, hasta alcanzar una temperatura de 20 grados, o enfriar la mezcla en abatidor por 6 minutos.

5. Dejar la mezcla madurar en refrigeración por un espacio mínimo de 2 horas y máximo de 4 horas.

6. Después del tiempo de maduración, y solo unos minutos antes de mantecar, incorporar la pulpa de banana a la mezcla. Licuar para lograr una integración perfecta de los ingredientes.

7. Llevar a mantecar, por lo menos 20 minutos.

8. Recibir el helado en una cubeta fría (previamente refrigerada, para no romper la cadena de frío).

9. Tapar la cubeta y llevar a congelar inmediatamente, por un mínimo de 3 horas.

Made in United States
Orlando, FL
01 April 2024

45341189R00042